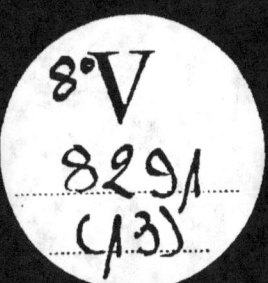

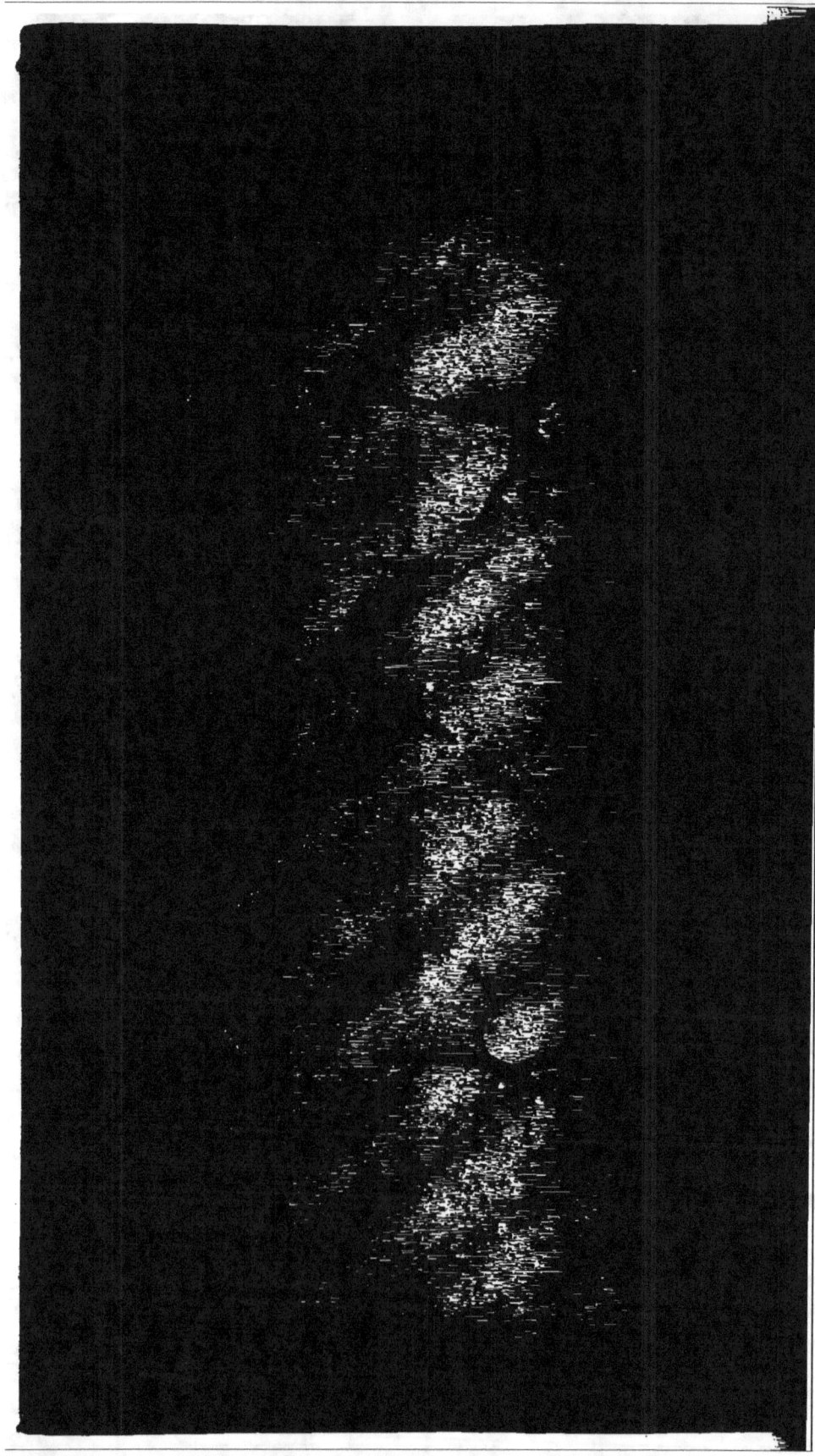

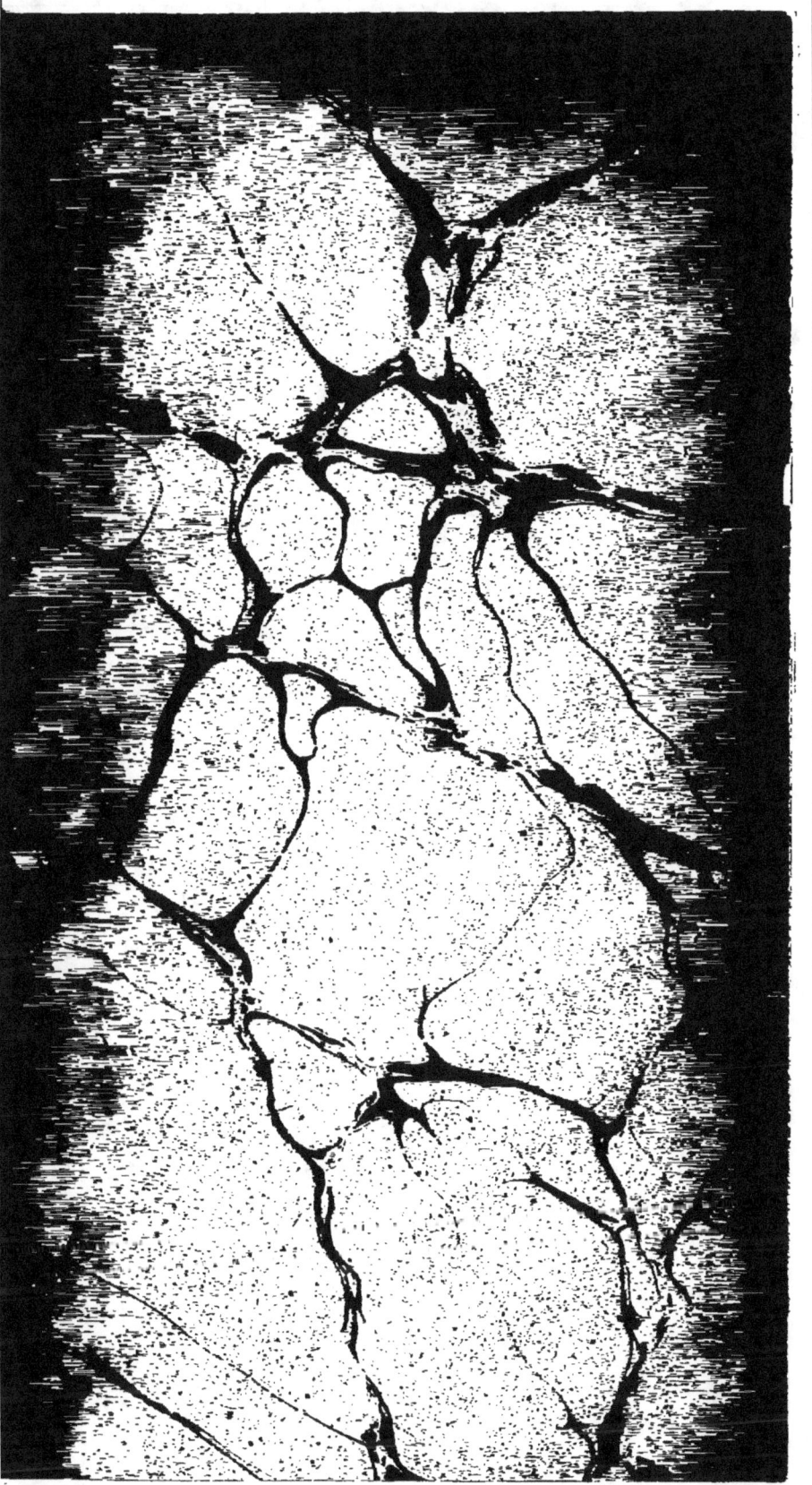

Conserver la Couverture

COLLECTION

DES

LIVRETS

DES

ANCIENNES EXPOSITIONS

DEPUIS 1673 JUSQU'EN 1800

SALON DE 1747

XIII

PARIS

LIEPMANNSSOHN ET DUFOUR

ÉDITEURS

11, rue des Saints-Pères

AOUT 1869

EXPOSITION

DE 1747

—

XIII

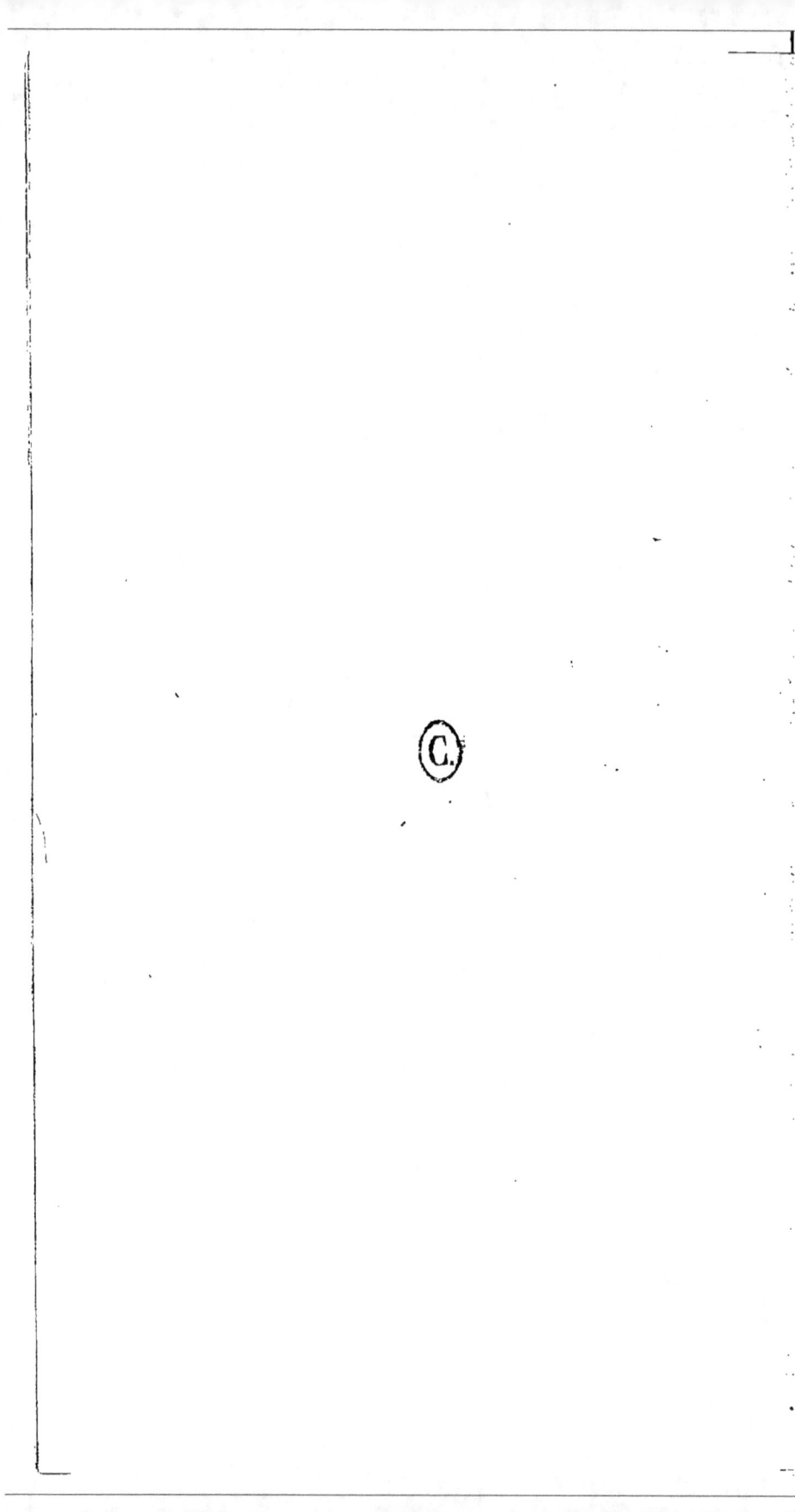

C.

COLLECTION

DES

LIVRETS

DES

ANCIENNES EXPOSITIONS

DEPUIS 1673 JUSQU'EN 1800

———◆———

EXPOSITION DE 1747

———✦———

PARIS

LIEPMANNSSOHN ET DUFOUR

ÉDITEURS

11, rue des Saints-Pères

—

AOUT 1869

NOMBRE DU TIRAGE

DU LIVRET DE 1747.

375 exemplaires sur papier vergé.
25 — sur papier de Hollande.
10 — sur chine.

N° ▬▬▬

Ce livret est vendu seul 2 fr. 5o.

NOTICE BIBLIOGRAPHIQUE.

Tous les exemplaires que nous avons vus sont semblables. Ils se composent de 3o pages de description entièrement pleines, avec 133 Nᵒˢ et 2 p. d'arrêt & de privilége. Il faut remarquer cependant qu'au bas de la page 3o se trouve un article non numéroté de cinq lignes, relatif à M. Cars, sous la rubrique : Addition. Il est imprimé en caractères plus petits que le reste du texte. On pourrait donc trouver une édition première où cette Addition ne figurerait pas; il y aurait ainsi deux éditions de ce livret.

Un exemplaire qui nous a été confié, contenait des notes manuscrites indiquant les noms des auteurs des onze premiers tableaux exposés, noms que le livret ne donne pas. Le début du livret nous apprend que M. Le Normand de Tournehem avait ouvert un concours entre les principaux peintres de l'Académie en leur commandant ces onze tableaux, tous de même grandeur, mais dont le sujet était abandonné au choix de l'artiste. Voici d'après le livret annoté dont nous venons de parler, les noms des auteurs de ces onze tableaux :

1 (Moïse)   par *Le Clerc.*
2 (Alexandre)   »   *Restout.*
3 (Coriolan)   »   *Galoche.*
4 (Scevola)   »   *Dumont le Romain.*
5 (Pyrrhus)   »   *Collin de Vermont.*
6 (Diogène)   »   *Jeaurat.*
7 (Armide)   »   A la place du nom de l'auteur, notre exemplaire contient cette note : *L'Aurore et Céphale de M. Pierre à la place du précédent.* L'Armide était aussi de *Pierre.*
8 (Jupiter)   par *Boucher.*
9 (Fête de Bacchus) »   *Natoire.*
10 (Silène)   »   *C. Van Loo.*
11 (Europe)   »   *Cazes.*

CRITIQUES :

Le Mercure de France, numéro d'octobre, p. 121-127. Il se borne à donner la description des onze tableaux exposés dans la galerie d'Apollon.

(Abbé Le Blanc) : Lettre sur l'exposition des ouvrages de peinture et de sculpture, etc., de l'année 1747 et en général sur l'utilité de ces sortes d'expositions, à M. R. D. R. in-12, 1747, frontispice allégorique (dessiné par Boucher et gravé par le Bas), 180 p. Paris ce 30 Août 1747.

Voir à la bibliographie des critiques de 1748, une réponse à la lettre de l'abbé Le Blanc de 1747.

(LIEUDÉ DE SEPMANVILLE). Voy. *France littéraire.* Réflexions nouvelles d'un amateur des beaux Arts adressées à Mme de^*** pour servir de supplément à la lettre sur l'exposition des Ouvrages de Peinture, etc...

de l'année 1747. Daté du 1ᵉʳ Octobre 1747. In-12. 47 p.
— (Critique de l'abbé Leblanc).

Charles Antoine COYPEL. Dialogue de M. Coypel premier peintre du Roi sur l'Exposition dans le salon du Louvre en 1747, sans titre ni date. In-12 de 16 p. — (Les interlocuteurs s'appellent Dorsicour et Celigny, publié dans le *Mercure* de novembre 1751, p. 59).

Epitre au roy sur quelques tableaux exposés au Louvre pour le concours proposé par M. de Tournehem Directeur général des Batiments par M. B.......— (En vers de 8 pieds.) 7 p. in 12. — Approbation du 4 septembre, permis d'imprimer du 12, enregistré le 23. A Paris chez Prault.

PANARD. *Les tableaux*, comédïe en un Acte et en vers : représentée par les Comédiens italiens ordinaires du Roy, pour la première fois, le 18 septembre 1747. Prix 24 sols. Paris, chez la Vᵉ Lormet et fils, imprimeur. In 8ᵒ de 33 p. — (A la scène IV, le Génie de la Musique parlant à la Peinture fait l'éloge de l'Exposition qui vient d'être ouverte.)

EXPLICATION

DES PEINTURES,

SCULPTURES,

ET AUTRES OUVRAGES

DE MESSIEURS

DE L'ACADÉMIE ROYALE;

Dont l'Expofition a été ordonnée, fuivant l'intention de SA MAJESTÉ, par M. Le Normand de TOURNEHEM, Directeur & Ordonnateur General des Bâtimens, Jardins, Arts & Manufactures de S. M. dans le grand Salon du Louvre. Par les foins du Sieur Portail, de l'Académie Royale de Peinture & de Sculpture, Garde des Plans & Tableaux du Roy. À commencer le jour de faint Loüis 25. d'Aouft 1747. pour durer un mois.

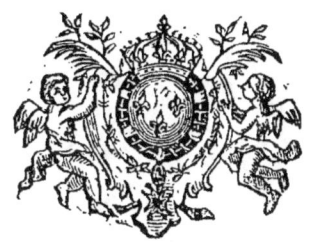

A PARIS, RUE S. JACQUES

De l'Imprimerie de JACQUES-FRANÇOIS COLLOMBAT, l. Imprimeur du Roy, des Cabinet & Maifon de SA MAJESTÉ, & de l'Académie Royale de Peinture & de Sculpture.

M. DCC. XLVII.

AVEC PRIVILÉGE DU ROY.

AVERTISSEMENT.

Comme l'Expofition fe fait dans un grand Salon quarré, & que l'on a été obligé, pour garder quelque ordre & fymétrie, de placer de côté & d'autre les Ouvrages d'un même Auteur, l'on a eu attention dans cette Defcription, de défigner la hauteur & largeur de tous les Tableaux de grandeur extraordinaire; & à l'égard des autres dont les formes font moyennes & petites, on ne pourra manquer de les reconnoître, ayant le Livre à la main, & de les trouver par le rapport des Numeros qui se trouvent sur chaque sujet de Peinture & de Sculpture.

Et comme l'impression de ce petit Ouvrage ne se donnoit les années précedentes, qu'après tout l'arrangement des Tableaux, dont les Places étoient indiquées, l'on s'est apperçû que le Public s'impatientoit extrémement les premiers jours qu'il attendoit cette Explication. C'est pourquoy on a jugé à propos, pour sa satisfaction, d'y énoncer des Numeros qui se rapportent exactement à chaque sujet, lesquels, sans être de suite, se pourront trouver aisément. Par ce moyen on joüira de cette Description presqu'à l'ouverture du Salon.

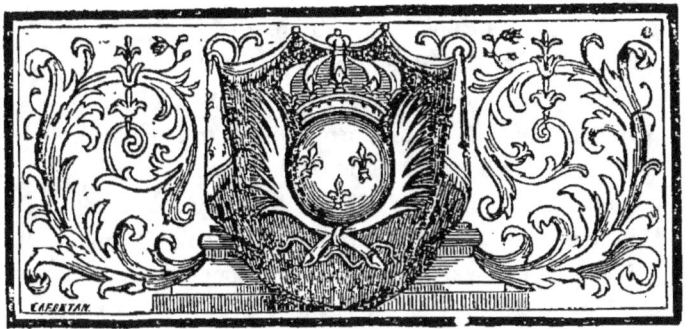

EXPLICATION

Des Peintures, Sculptures, & autres Ouvrages de Messieurs de l'Académie Royale.

Rien n'est si capable d'exciter l'émulation parmi les Arts, & d'éveiller, pour ainsi dire, les talens, que les Expositions publiques : où la vérité, affranchie des égards dûs à la société civile, dispense avec liberté la loüange & la censure, & fait appréhender aux plus fameux Artistes la severité de ses jugemens. Telle a été aussi l'intention de Sa Majesté, & les vûës du Ministere. Le succès a répondu à un projet si juste & si beau. Chaque Académicien, animé par la gloire, s'est efforcé de soutenir la superiorité presente de l'Ecole Françoise sur toutes celles de l'Europe, & les Etrangers ont paru en faire un aveu flateur, par le plaifir qu'ils ont pris à ces differentes Fêtes.

Celle-ci ne peut manquer d'avoir l'avantage fur les précedentes; M. de Tournehem, Directeur Géneral des Bâtimens, dont toutes les idées ne tendent qu'à augmenter par des moyens efficaces le progrès & la célebrité des Arts; a jugé que, pour y parvenir, il convenoit d'ordonner extraordinairement pour le Roy, aux principaux Officiers de l'Académie, onze Tableaux de même forme, dont les fujets fuffent à leur choix, & la récompenfe égale. Cette fage difpofition, qui ôte au génie la contrainte, & ne laiffe à l'efprit que le défir de la réüffite, produira fans doute tout l'effet que M. de Tournehem s'en eft promis, en donnant à l'Artifte la facilité de triompher, & au Public équitable celle de le couronner.

J'ajoûterai feulement, que ce mêlange, qui réünit la Peinture, la Sculpture & la Gravûre, doit paroître aux yeux des vrais Connoiffeurs, comme un Parterre agréable, dirigé par le goût, & cultivé par les Mufes.

DANS LA GALLERIE D'APOLLON.

Onze Tableaux en largeur, de 6 pieds fur 5 de haut, ordonnez extraordinairement pour le Roy au principaux Officiers de l'Académie, par M. le Directeur Général des Bâtimens, dont les Sujets fuivent.

1. Moïfe fauvé de l'eau par l'ordre de la Fille de Pharaon.

2. Alexandre, après avoir bû le Breuvage qui luy étoit préfenté par Philippe fon Medecin, luy donne à lire la Lettre que Parmenion luy avoit écrite; par laquelle il l'avertiffoit que Philippe avoit été corrompu par Darius pour l'empoifonner. Ce faux avis irrita Philippe de façon, qu'il jetta la Lettre & fon Manteau par terre devant le Lit du Roy; lequel au bout de trois jours fut entierement guéri.

3. Marcius, furnommé Coriolan, ayant été exilé de Rome, fe joint aux Volfques, & vient à leur tête jufqu'à cinq mille de la Ville pour l'affieger. Les Romains effrayez, lui envoyent fucceffivement deux Ambaffades qu'il méprife. Ils en compofent une autre de Sacrificateurs, & de tous les Miniftres de la Religion, qui n'en font pas mieux reçûs. Enfin, par le confeil de Valerie, fœur de Publicola, fa Mere, fa Femme avec fes deux Enfans, dont l'un, felon M. Rollin, a dix ans, & l'autre à la mammelle, accompagnées d'un nombre de Dames Romaines, le viennent trouver; il ne peut réfifter aux larmes & aux Difcours preffans de fa Mere profternée à fes pieds avec fa Famille; il la releve, l'embraffe, & parle d'accommodement; ce qui occafionne un grand dépit dans les Volfques, & beaucoup de joye parmi les Romaines. Enfuite il fait retirer fes troupes. Voyez Tite-Live & Plutarque.

4. Mutius Scevola ayant tué le Secrétaire de Porfenna, qu'il croyoit être Porfenna lui-même, outré de cette méprife, l'avoüe avec fierté à ce Roy des Tofcans; & fans attendre fa réponfe, fe juge, & fe punit en fe brûlant le poing. Tite-Live, Décade premiere, Liv. 2.

5. Pyrrhus, Fils d'Eacide Roy des Moloffes, n'avoit que deux ans, lorfque ces Peuples s'étant révoltez

contre fon Pere, le chafferent de fes Etats, & appele-
rent Neoptoleme fon Neveu. Ce nouveau Prince fit
mourir tous les Amis d'Eacide, & ordonna que l'on
tuât auffi Pyrrhus; mais quelques fidéles Sujets de fon
·Pere ayant eu le bonheur de fe dérober aux Meur-
triers, fortirent adroitement du Royaume, & l'empor-
terent avec eux; s'étant chargez de quelques Femmes
pour lui donner la mammelle pendant leur route.
Après bien des dangers, ils traverferent la Macedoine,
& entrerent dans les Etats de Glaucias Roy d'Efcla-
vonie; ayant obtenu de lui être préfentez, ils mirent
le petit Pyrrhus au milieu de la Salle où il étoit affis
avec la Reine; l'Enfant fe traîna fur fes mains vers
le Roy, fe prit à fon Manteau, parvint jufqu'à fes genoux; & comme s'il eut été en âge de raifon, il les lui
embraffa d'un air fupliant. Le Roy refta longtemps
penfif, ne fçachant à quoi fe déterminer, & craignant
de s'attirer la haine de l'Ufurpateur, & de Caffandre
Roy de Macedoine, qu'il fçavoit être ennemi mortel
du Pere de Pyrrhus; cependant touché des petites ac-
tions de l'Enfant, & croyant que les Dieux lui offroient
cette occafion pour faire ufage de fon humanité, il le
configna à la Reine pour le faire élever. Et au bout de
douze ans, il le remena dans fes Etats avec une Armée,
& le remit fur fon Trône.

6. Diogene voyant un jeune Garçon boire dans le
creux de fa main, brife fa Taffe, comme lui devenant
un meuble inutile.

On ne doit pas être furpris de voir ce fujet repréfenté
dans une des Places de la ville d'Athenes, ni de ce
qu'une action auffi finguliere a pour témoins plufieurs
Habitans de cette grande Ville, qui le regardent avec

attention. Il eſt vrai que quelques Peintres habiles ont introduit le même ſujet dans de fort beaux Païſages ; mais quoiqu'ils n'ayent point bleſſé en cela la vraiſemblance, il paroît plus conforme à la verité de l'Hiſtoire, d'établir le lieu de la Scene dans le centre d'une Ville où Diogene demeura preſque continuellement, depuis qu'il eût été obligé de s'éloigner de ſa Patrie. Dénué de toutes les commoditez de la vie, même du néceſſaire ; on y voit ce Philoſophe Cynique à demi couvert d'une étoffe groſſiere ; ſon Bâton & ſa Beſace font toute ſa richeſſe ; il eſt aſſis près d'une Fontaine publique, au pied de la Déeſſe Minerve, Déeſſe Tutelaire d'Athenes ; & il paroît à l'entrée du Tonneau qu'il avoit trouvé dans un Temple conſacré à Cybelle, & dont il avoit fait ſa demeure. Ce Tonneau n'étoit au reſte qu'un ample Vaſe de terre ; ni les Bas-Reliefs, ni les autres Monumens antiques ne nous le repréſentent pas autrement : & Diogene Laërce, Auteur de la vie du Philoſophe, n'en donne pas non plus une autre idée. On auroit crû pécher contre les règles du Coſtume, ſi on lui eut donné la forme moderne, ou qu'on l'eut fait d'une autre matiere.

7. Armide voyant l'Armée des Sarrazins défaite entierement, & craignant de tomber en la puiſſance de Renaud, elle réſolut de s'ôter la vie ; dans cette penſée, elle s'éloigna à toute bride du Champ de Bataille. Le hazard la conduiſit dans un lieu ſolitaire, ou après s'être abandonnée aux plus funeſtes penſées, elle tira une fléche de ſon Carquois ; & lorſqu'elle étoit prête de ſe frapper, Renaud ſurvint, & l'arrêta : l'Amour chaſſa la haine du cœur d'Armide, & elle conſentit à renoncer au deſſein qu'elle avoit de périr.

XIII.

2*

8. Jupiter changé en Taureau, porte fur fon dos Europe qu'il enleve par furprife. Auffitôt la Mer fe calme; les Vents retiennent leur haleine; mille petits Amours voltigent autour d'elle. Les uns portent en leurs mains la torche Nuptiale, les autres chantent l'Hymenée, fuivis de la troupe des Dieux Marins, & des Nereïdes à demi-nuës, affifes fur des Dauphins, & accompagnées des Tritons qui folâtrent à l'entour. Neptune & Amphitrite marchent devant. Venus répand des fleurs fur cette Belle. Lucien liv. 1. Dialog. de Notus & de Zephire.

9. Une Fête de Bacchus. Sujet tiré d'une Ode d'Anacreon.

10. Silene, Nourricier & Compagnon de Bacchus.

11. L'Enlevement d'Europe.

DANS LE GRAND SALON.

Par M. *de Favanne*, Adjoint à Recteur.

12. Un Tableau de Chevalet, repréfentant la Sybile Deïphobe, qui demande à Apollon de multiplier fes années au nombre des grains de fable qu'elle tient dans fa main.

13. Autre, repréfentant le Printems.

14. Son Pendant, repréfente l'Automne.

15. Autre, repréfentant Armide défarmée par l'Amour.

16. Son Pendant. Iris vient de la part de Junon

trouver le Sommeil, pour qu'il envoye des Songes à Alcione, pour lui découvrir le Naufrage de fon mari Ceix.

17 *bis*. Deux petits Payfages, repréfentans des vûës d'Italie; fous le même Nº.

Par M. *Reftout*, Adjoint à Recteur.

18. Un Tableau en hauteur de 8 pieds fur 6 de large, repréfentant le Samaritain.

19. Autre de même grandeur, repréfentant Abraham & les trois Anges.

20. Autre plus petit, repréfentant le repas de JESUS-CHRIST chez Simon le Lepreux.

21. Autre de même grandeur, repréfentant les Nôces de Cana.

22. Efquiffe, repréfentant les Pelerins d'Emaüs.

23. Un petit Tableau, repréfentant la Peinture.

Par M. *d'Ulin*, ancien Profeffeur.

24. Un grand Tableau en hauteur de 8 pieds fur 5, repréfentant S. Claude qui reffufcite un Enfant mort que fa Mere lui apporte.

25 *bis*. Deux Tableaux en hauteur de 4 pieds fur 5, repréfentant les Miracles de N. Seigneur; fous le même Nº.

Par M. *de Tourniere*, ancien Profeffeur.

26. Le Portrait de M. le Comte de Coffé, peint jufqu'aux genoüils, en Armure.

27. Celui de Madame des Adrets de Grenoble, les deux mains fur un Livre fermé, repréfentant la Mémoire.

28. Un Tableau, repréfentant Flore fous un Berceau de Chevrefeüille.

29. Une Vierge avec l'Enfant Jesus.

3o. Autre petit Tableau, repréfentant les Graces qui ornent la Nature.

Par M. *Carlo Van Loo*, Profeffeur.

31. Le portrait en pied de la Reine.

Par M. *Boucher*, Profeffeur.

32. Un Tableau ovale, repréfentant les Forges de Vulcain. Ce Tableau eft deftiné pour la Chambre à coucher du Roy à Marly.

33 *bis*. Deux Paftorales, auffi en forme ovale; fous le même N°.

34. Un Tableau Efquiffe en grifaille, repréfentant un fujet allégorique d'une Thèfe dédiée à Monfeigneur le Dauphin.

Par M. *Natoire*, Profeffeur.

35. Un Tableau deffus de Porte, de forme chantournée, repréfentant une Mufique Paftorale & Champêtre, deftiné pour les Appartemens de la Reine.

Par M. *Oudry*, Profeffeur.

36. Un Tableau en largeur de 8 pieds fur 6, repréfentant un Boule-Dogue qui fe jette fur un Cygne. Ce Tableau eft à l'Auteur.

37. Autre de même grandeur, repréfentant un Leopard peint pour le Roy à la Menagerie de Verfailles.

Six Tableaux deftinez pour les Cabinets interieurs de Monfeigneur le Dauphin & de Madame la Dauphine, repréfentans des Fables de la Fontaine.

38. Les deux Chevres.

39. La Lice & fa Compagne.

40. Le Cerf qui fe mire dans l'eau.

41. Le Loup & l'Agneau.

42. Les deux Chiens & l'Ane flottant.

43. Le Renard & la Cygogne.

44. Un Tableau de 4 pieds fur 3, repréfentant un Antre, d'où il fort des Tigres.

45. Son Pendant. Un Payfage, où paroît un Chien qui attaque un Cygne.

46. Un petit Tableau de Fleurs, où il y a un nid d'Oifeaux. Ces trois derniers du Cabinet de l'Auteur.

47. Un petit Payfage, repréfentant une Butte de Sable rouge, Vaches & Moutons.

48. Son Pendant. La Maifon d'un Jardinier.

49. Autre, repréfentant un Vafe à brûler des Parfums, une Caffetiere d'argent & des Bouteilles bouchées.

50. Son Pendant. Une Perdrix rouge, groupée avec un Lapin; des Citrons & Oranges, & une Boüilloire. Du Cabinet de l'Auteur.

Par M. *Adam l'aîné*, Profeffeur.

51. Modéle d'un Groupe, repréfentant deux Nymphes, compagnes de Diane; l'une defquelles, au retour

de la Chaffe, attache un Heron à un arbre; l'autre Nymphe paroît à fes pieds, qui lui tend un Arc & un Carquois pour en faire un Trophée. Ce Groupe eft executé en Marbre de 8 pieds de proportion, pour le Roy, fini & prêt à tranfporter. Lequel fait Pendant à celui de la Pêche, repréfenté auffi par deux Nymphes tirant un Filet de la Mer, chargé de Poiffons; dont le Modéle a paru il y a quelques années au Salon.

Par M. *Le Moyne* fils, Profeffeur.

52. Quelques Têtes; fous le même Nº.

Par M. *Pierre*, Ecuyer, Adjoint à Profeffeur.

53. Un Tableau de 10 pieds de haut fur 8 de large, repréfentant faint François, qui médite dans la folitude.

54. Autre de même grandeur, repréfentant faint Nicolas Evêque de Myre, qui appaife une Tempête.

55. Un Tableau de 3 pieds fur 4, repréfentant une Bacchanale.

56. Autre petit Tableau, repréfentant un Sculpteur dans fon Attelier.

Par M. *Pigalle*, Adjoint à Profeffeur.

57. Un Modéle en Plâtre de 6 pieds de proportion, repréfentant Venus, qui fait Pendant à un Mercure; ci-devant executé en Marbre pour le Roy. Cette Déeffe engage Mercure, avec tendreffe, de lui faire un Meffage. Sujet tiré de Pfiché.

Par M. *Nattier*, Adjoint à Profeſſeur.

58. Le Portrait de Monſeigneur le Dauphin, repré-
ſenté en Cuiraſſe.

59. Le Portrait de M. le duc de Chaulnes, en
Hercule.

Par M. *Chardin*, Conſeiller de l'Académie.

60. Un Tableau, repréſentant la Garde attentive, ou
les alimens de la Convaleſcence.

Ce Tableau fait Pendant à un autre du même Auteur, qui eſt dans le Cabinet du Prince de Leichſtenſtein,
& dont il n'a pû diſpoſer, ainſi que de deux autres
qui ſont partis depuis peu pour la Cour de Suede.

Par M. *Tocqué*, Conſeiller.

61. Le Portrait juſqu'aux genoüils, de M. Dangé,
Fermier General, tenant ſon chapeau, & ayant une
petite Levrette ſur un fauteüil.

Par M. *Aved*, Conſeiller.

62. Le Portrait de M.*** dans ſon Cabinet, appuyé
ſur ſon Bureau tenant à ſa main l'Iliade d'Homere.

63. Autre, repréſentant M. Rigoley de Juvigny,
Avocat au Parlement, appuyé ſur les Œuvres de
Ciceron.

OUVRAGES

de Meſſieurs les Académiciens.

Par M. *Jouvenet*.

64. Le Portrait de M.*** Avocat au Parlement, la main appuyée ſur un Livre.

Par M. *Courtin*.

65. Un Tableau, repréſentant Zephire & Flore.
66. Autre petit, repréſentant une Tête de CHRIST.

Par M. *Allegrain*.

67. Un Tableau de 6 pieds de large ſur 4 de haut, repréſentant un Payſage & des Figures.

Par M. *La Joue.*

68. Un Tableau de moyenne grandeur, repréſentant un Port de Mer, & arrivée de Vaiſſeaux chargez de Marchandiſes, que des Matelots mettent à Port; l'on y voit un Sentinelle Turc. Le tout éclairé d'un Soleil couchant.

69. Son Pendant, éclairé d'un clair de Lune, repréſente un corps d'Architecture & des Caſcades. L'on y voit une Compagnie au bord d'un Canal, formant un Concert; & ſur le devant un Berger qui garde des Beſtiaux.

70. Autre plus petit, repréſentant une Fontaine très-ornée; & ſur le devant, des Figures habillées à la Françoiſe.

71. Son Pendant repréſente un morceau d'Architecture moderne; une Fontaine, & des Perſonnes regardant arriver une Barque.

72. Autre petit Tableau repréſentant un Pont richement conſtruit, orné de baluſtrades, ſur lequel on apperçoit un Palais; l'on y voit une Dame qui paſſe l'eau.

Par M. *de Lettre*.

73. Un grand Tableau en hauteur de 10 pieds ſur 6 de large, repréſentant le Pere Eternel appaiſé par le Sacrifice ſanglant de la Croix, environné d'une Gloire & des Cherubins : la ſainte Vierge lui préſentant ſon Cœur percé du glaive de douleur.

Par M. *Huilliot*.

74. Un Tableau de 5 pieds ſur 4 de large, repréſentant des Inſtrumens & Livres de Muſique.

75. Autre plus petit, repréſentant un Buffet.

76. Autre de 3 pieds, repréſentant les Belles-Lettres.

77. Autre de même grandeur, repréſentant un Vaſe d'or, duquel tombe une Guirlande de fleurs choiſies.

78. Autre repréſentant une Etude de Raiſins, nommez le Pizoutelle, d'après nature; des Fruits & du Gibier.

Par M. *de Lobel*.

79. Un grand Tableau en hauteur de 12 pieds ſur 7

XIII.   3

de large, repréſentant une Aſſomption : Loüis XIII y eſt dépeint mettant ſa Perſonne & ſes Etats ſous la protection de la ſainte Vierge. Ce Tableau eſt pour la Collegiale de Dammartin, qui fait tous les ans un Service à ce Prince.

80. Le Portrait de M. l'Abbé Lenglet du Freſnoy.

Par M. *Des Lyen.*

81. Un Portrait de 5 pieds ſur 4, repréſentant Madame la Marquiſe de la Luzerne, & M. ſon Fils.

82. Autre de même grandeur, repréſentant M. Delaunay, Gouverneur de la Baſtille.

Par M. *Franciſque Milet.*

83. Un Tableau, repréſentant un ſujet tiré de la treiziéme Ode du troiſiéme Livre d'Horace.

84. Autre de même grandeur, repréſentant un Payſage, où paroît une Femme qui careſſe un Mouton.

85. Autre plus petit, orné de Figures & d'Animaux.

Par M. *du Mons.*

86. Un Tableau ceintré, en hauteur de 9 pieds ſur 5 de large, repréſentant ſaint Loüis qui tient la Couronne d'Epines.

87. Autre de même forme & grandeur, repréſentant ſaint François proſterné devant un Crucifix.

Par M. *Boiʒot.*

88. Un Tableau en hauteur de 6 pieds fur 4, repré-fentant la Deïfication d'Enée.

89. Autre de 3 pieds fur 2 & demi, repréfentant Venus qui prie Vulcain de forger des Armes pour fon fils Enée.

90. Un petit fujet Champêtre, repréfentant un Berger & une Bergere, faifant paître des Chevres.

91. Son Pendant. Des Bergers qui s'amufent à orner un Mouton chéri.

92. Autre, d'environ même grandeur, repréfentant une vûĕ du Colifée de Rome.

Par M. *Poitreau.*

93. Un Tableau en largeur de 5 pieds fur 4, repré-fentant un Monument antique de la ville d'Autun; des Figures & des Animaux.

94. Un petit Payfage, repréfentant le Matin, où pa-roît un Moulin & des Figures.

95. Son Pendant, repréfente un Soleil couchant, une Forge, des Figures & Animaux.

Par M. *Chaſtelain.*

96 *bis*. Deux petits Tableaux fous le même N°. re-préfentans deux vûĕs d'après nature, l'une de Bon-neüil, & l'autre d'Orfay.

Par M. *Autreau.*

97. Un grand Portrait jufqu'aux genoüils, repréfen-

tant M. Beaufire, Architecte du Roy & de la Ville, fes mains appuyées fur un Livre, tenant un Compas.

98. Autre, repréfentant une Demoifelle occupée d'une Souriciere, montrant un Chat.

99. Autre, repréfentant M. Lanquetin, Commis des Menus Plaifirs du Roy.

Par M. *Vinache*.

100. Un Modéle en plâtre, d'un Groupe de deux Enfans, pour le Roy. Ce Groupe repréfente un Garçon & une Fille qui badinent avec des Fleurs, & fe difputent un Bouquet & un Vafe rompu.

Par M. *Ladey*.

101. Un Tableau en hauteur de 5 pieds fur 4, repréfentant un Vafe verd d'Egypte, enrichi d'or, avec un feston de Fleurs & de Fruits; fur le devant des Inftrumens de Mufique.

102. Autre de même grandeur, repréfentant diverfes Fleurs, orné fur le devant d'un Vafe Agate–Onix. Ces Tableaux font partie de neuf, deftinez pour la Salle à manger de M. de Cotte, à Paffy.

Par M. *Drouais*.

103. Trois Portraits au Paftel fous le même N°. L'un repréfente l'Automne, M.*** & une Dame.

Par M. *Frontier*.

104. Un grand Tableau en largeur d'environ 9 pieds

fur 6 & demi, repréſentant le Martyre de ſaint Maurice & de ſes Compagnons.

105. Un Portrait, repréſentant M. du Breüil, ami de l'Auteur.

Par M. *Antoine Le Bel.*

106. Un Tableau en largeur de 5 pieds fur 4, repréſentant une vûë de Marine, priſe fur les Côtes de Dieppe.

107. Autre plus petit, repréſentant une Vûë des environs de Boulogne.

108. Son Pendant. Une Vûë du Château de Chantclu, proche Roüen.

109 *bis.* Deux autres ſous le même N°. L'un repréſente un Rocher, l'autre un Payſage.

110. Autre repréſentant un Payſage des environs de Roüen.

Par M. *de la Tour.*

111. Pluſieurs Portraits au Paſtel, ſous le même N°.

Par M. *Portail.*

112. Un petit Tableau ſous glace, repréſentant un Enfant qui badine, ayant les mains dans un panier.

113 *bis.* Deux autres, auſſi ſous glace, l'un repréſente une Perſpective, & l'autre des Fleurs; ſous le même N°.

XIII.   3*

OUVRAGES AU BURIN

de Meſſieurs les Graveurs de l'Académie.

Par M. *Duchange*, Conſeiller de l'Académie.
Un Sujet gravé d'après M. le Brun, repréſentant
JESUS-CHRIST mort; dédié à M. le Lieutenant Civil.

Par M. *Lepicié*, Sécretaire perpetuel
& Hiſtoriographe de l'Académie.
Les Francs-Maçons Flamands en Loge; d'après
David Teniers.

Par M. *Tardieu le pere.*
Une Vûë de la ville de Beauvais; d'après un Paſtel
de M. Oudry, Profeſſeur.

Par M. *Surugue*, *le pere*, Académicien.
Les Amuſemens de la Vie privée; d'après
M. Chardin.
L'Inſtant de la Méditation; d'après un Tableau du
même Auteur.
Délaſſement de Payſans Flamands; d'après D. Te-
niers.
Petit Lendemain de Nôce Flamande; d'après le
même.
Les Ornemens de l'Eſprit & du Corps; d'après
M. de Troy, Ecuyer, Chevalier de ſaint Michel, Ancien

Reﬅeur de l'Académie Royale, & Direﬅeur de celle de France à Rome.

Par M. *Surugue fils.*

Le Portrait de M. Fremin.

Celui de M. Simon Guilain.

Le Dépit Amoureux; d'après le Tableau de M. C. Coypel, connu fous le nom de la Chiquenaude.

Par M. *de Larmeﬃn.*

La Savoyarde; d'après M. Pierre.

OUVRAGES DE MESSIEURS

les Agree₇ de l'Académie.

Par M. *Adam, le Cadet.*

113. Un Efquiﬀe du Maufolée de Très-Haute & Très-Puiﬀante Princeﬀe Catherine Opalinska, Reine de Pologne, Ducheﬀe de Lorraine & de Bar.

La Reine eﬅ à genoux fur fon Tombeau. Un Ange lui vient annoncer que le temps de fes épreuves eﬅ fini, & qu'elle touche à l'heureux moment où, dans la véritable Patrie, fes rares Vertus vont recevoir une juﬅe récompenfe. Sa Foy vive & fon Zele ardent lui font écouter & recevoir avec un faifiﬀement de joye, ce qu'elle attendoit avec impatience. Detachée depuis long-temps de tout ce que le Monde a de flatteur, elle a déjà dépofé les marques de fes Grandeurs et de fon Rang. Le Sceptre & la Couronne font fur fon Tombeau, devant le Couffin qui la foutient. Derriere Elle s'éleve une Pyramide, fymbole de la Gloire des Princes, couronnée par une Urne funebre, d'où pendent des feftons de Cyprès qui enveloppent l'Ecuffon de fes Armes. Au bas de la Pyramide font deux Caffolettes fumantes, qui répandent au loin la bonne odeur des Vertus de la Reine; & l'Aigle de Pologne fortant de deffous fon Tombeau, paroît vouloir s'envoler avec Elle. Ce Tombeau eft porté par un Socle, foutenu d'un corps d'Architecture, dont l'Avant-corps eft chargé de l'Infcription.

Aux deux côtez, les deux Arrieres-corps font ornez de Bas-reliefs, dans l'un defquels on voit la Religion, & dans l'autre la Charité; Vertus qui ont particulierement brillé dans la Reine.

Ce Maufolée doit être executé en Marbre, de 30 pieds de haut fur 18 de large, pour être pofé à Bonfecours, proche Nancy.

Par M. *Le Sueur*.

115. Le Portrait de M. de Tourniere, ancien Profeffeur de l'Académie.

116. Celui de M. Carlo-Vanloo, Profeffeur.

Par M. *Falconnet*.

117. Un Modéle de 3 pieds de haut, repréfentant Erigone.

118. Un Portrait.

119. Un Efquiffe, repréfentant la France qui embraffe le Bufte du Roy.

Par M. *Loir*.

120. Un Portrait au Paftel, repréfentant M. L*** tenant une Lettre.

Par M. *Hallé*.

121. Un Tableau, repréfentant Jofeph qui explique les Songes des deux Officiers de Pharaon.

122. Autre, repréfentant une Sainte Famille.

123. Autre, l'Hyver repréfenté par un Vieillard qui fe chauffe.

Par M. *Vernet*, de Rome.

124 *bis*. Deux Marines; fous le même Numero.

Par M. *Peronneau*.

125. Un Portrait au Paftel, du Fils de M. le Moyne, Sculpteur ordinaire du Roy, âgé de cinq ans.

126. Autre , repréfentant M.*** en habit de Bal.

127. Autre, M. Huquer d'Orleans.

128. Autre, peint à l'Huile, repréfentant Madame de Villeneuve, les mains dans fon Manchon.

129. Autre, repréfentant M. C.***

129 *bis*. Le fils de M. Huquer, tenant un Lapin.

Par M. *Allegrain, le fils*.

130. Un Modéle en plâtre, repréfentant Narciffe.

131. Autre, repréfentant le Satyre Marfias.

Par M. *Van-Loo neveu*.

132. Un grand Tableau d'environ 14 pieds de large
fur environ 9 de haut, repréfentant la Donation de
la Provence à la France; fujet allégorique. Ce Tableau
eſt deſtiné pour la Chambre des Comptes d'Aix, en
Provence.

Par M. *Guay*.

133. Un Cadre, qui renferme fous glace l'empreinte
de pluſieurs Pierres gravées, parmi leſquelles fe trouve
le Portrait du Roy. Celui de Madame de Mirepoix,
de Madame la Comteſſe de Bury, M. Crébillon le
pere, & M. Plâtrier.

ADDITION.

Par M. *Cars*, Académicien.

Un Sujet gravé, repréſentant le Temps qui enleve
la Vérité; dédié à M. de Tournehem; d'après le
dernier Tableau de feu M. le Moyne, Premier Peintre
du Roy.

Le tout rédigé & mis en ordre par les ſoins de
J. B. REYDELLET, Receveur & Concierge
de l'Académie.

Nogent-le-Rotrou, Imprimerie de A. Gouverneur.

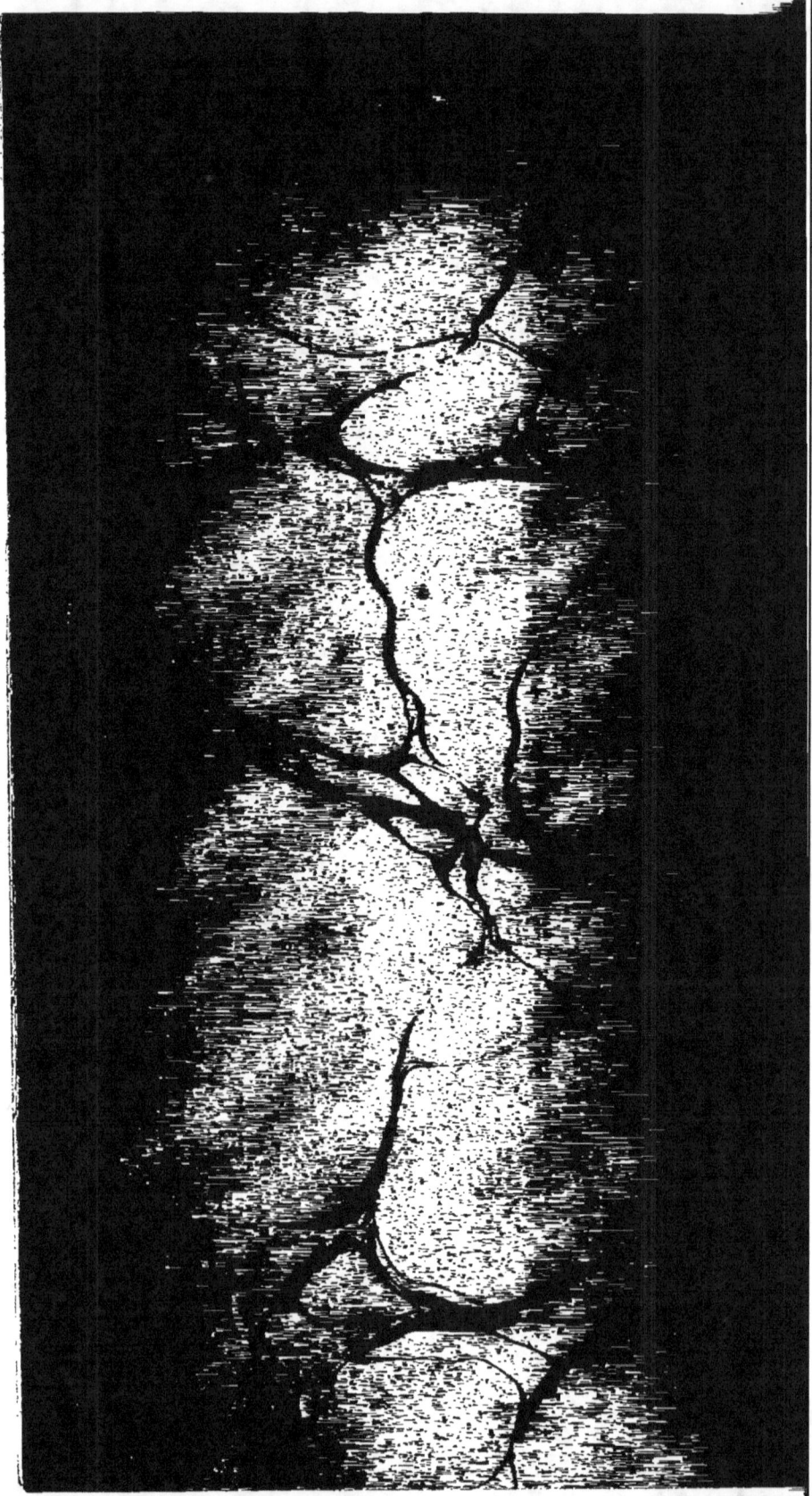

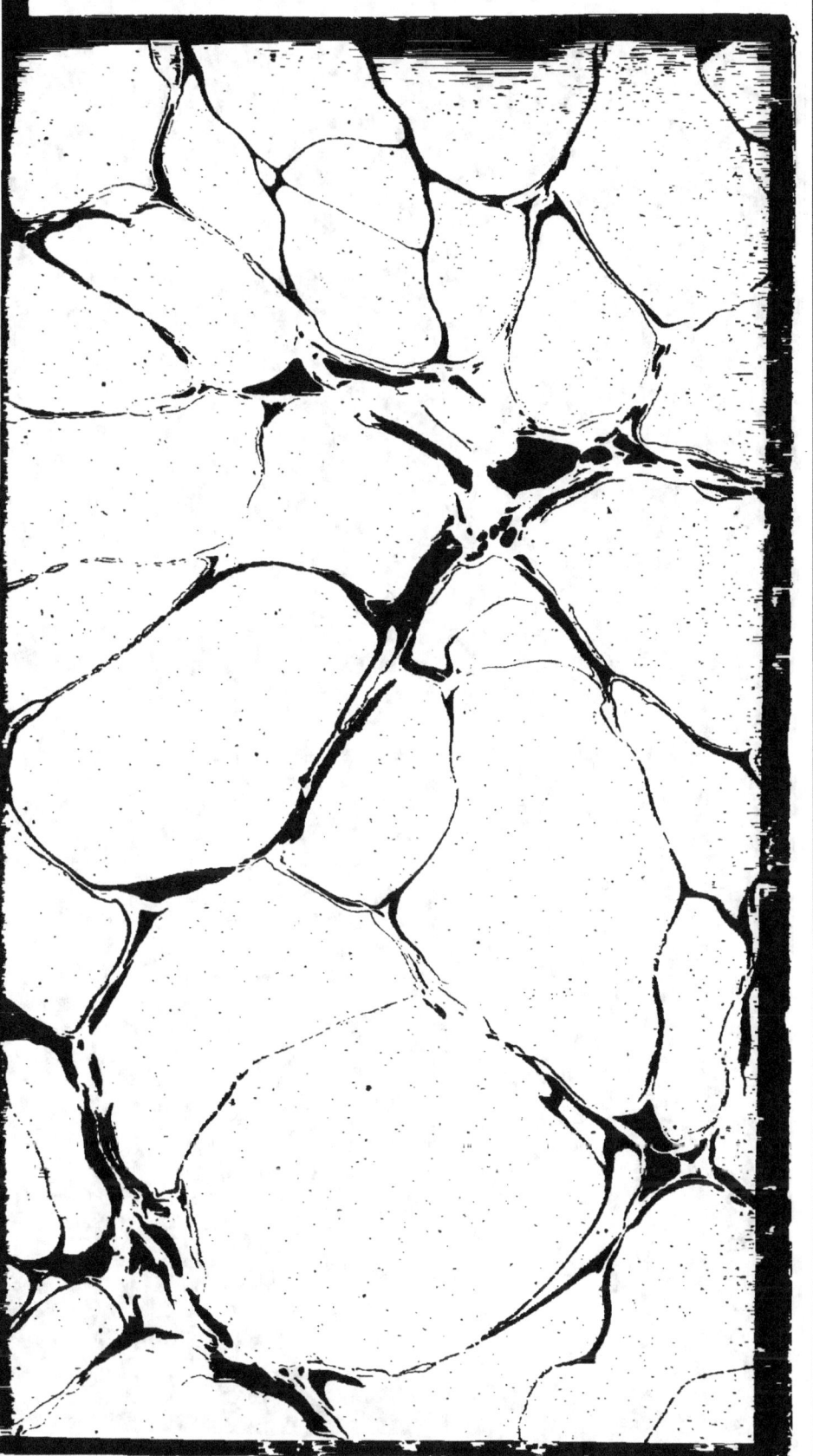

www.ingramcontent.com/pod-product-compliance
Lightning Source LLC
Chambersburg PA
CBHW071439220526
45469CB00004B/1585